C. COIGNET

Où allons-nous ?

PARIS
H. PAULIN ET Cie, ÉDITEURS

Où allons-nous ?

C. COIGNET

Où allons-nous ?

PARIS
H. PAULIN & Cie, ÉDITEURS
21, Rue Hautefeuille, 21
1903
Tous droits réservés.

Imprimerie C. Pache-Varidel, à Lausanne.

AVANT-PROPOS

Pourquoi j'écris ces lignes.

Née dans la tradition républicaine, rien, ni dans mon passé, ni dans mon présent, ne me rattache au cléricalisme.

Sous la restauration et le gouvernement de Juillet, mon père, descendant de 89, suivait Armand Carrel dans sa propagande. A douze ans, je lui lisais chaque jour le *National* et il m'expliquait la politique. Sa sœur et ma tante, Mme Vigoureux, Victor Considérant, mon cousin germain par alliance, ont été les premiers disciples de Fourrier dont la doctrine a bercé de ses rêves enchantés mon adolescence curieuse. Mon mari, républicain de février, au lendemain du coup d'Etat, assurait sous notre toit un asile à Jules Favre et à Bertholon en fuite. Aucune compromission avec l'Empire. Ses nombreux succès dans les expositions comme chef d'industrie lui donnaient tous les droits à la Légion d'honneur, mais il la refusa résolûment de ceux qui, à ses yeux, détenaient injustement le pouvoir. Au lendemain de la paix il la reçut de M. Thiers. Pendant tout le siège, il concourut à la défense avec le gouvernement républicain.

Moi même, au foyer, je suivais ces traces. Associée sous l'Empire au mouvement de la *Morale Indépendante* fondée dans mon cercle d'amitiés, j'y fis, pendant les cinq ans de sa durée, la critique philosophique, au point de vue du criticisme kantien. Tout en ramenant l'origine de la morale à la conscience humaine, j'ai toujours reconnu qu'une foi religieuse personnelle, en la prolongeant idéalement au delà de la vie par le triomphe définitif de la justice et du bien, peut lui apporter dans la pratique une grande force.

A Paris, sous le siège, au bruit des obus éclatant de toutes parts, Jules Simon, ministre de l'Instruction publique, ayant provoqué à l'Hôtel-de-Ville et au ministère des réunions qui avaient pour objet la laïcisation de l'enseignement et l'amélioration des écoles primaires, je pris part à tous leurs débats à côté des républicains du temps: Hippolyte Carnot, Eugène Pelletan, Massol, Henri Brisson, Henri Martin,

Clémenceau, Hérold, etc. MM^mes Jules Simon, Goudchaux, Millard, Toussaint, de Friedberg, etc. La paix faite, une société se formant en vue de l'application de ces réformes, j'y pris également une part active avec M. Ferdinand Buisson.

« C'est le maître d'école allemand, répétait-on de toutes parts, qui a vaincu la France ». Aussi la rénovation de l'enseignement populaire nous semblait-elle la première tâche du patriotisme.

Pendant plus de vingt ans, au cours de la lutte contre les éléments militants de l'ancien régime, je n'ai cessé d'exposer et de défendre dans la *Revue Bleue* les principes républicains, en particulier la laïcité de l'enseignement, et en même temps je publiais chez Alcan un cours de morale laïque à l'usage des écoles primaires.

Ayant ainsi, dans ma modeste sphère et ma faible mesure, participé à la transformation de mon pays, de monarchie plus ou moins absolue, en libre république, je sens au milieu de la crise présente le besoin et même le devoir d'exprimer ma pensée entière et d'apporter mon témoignage à ceux qui m'ont précédée.

Où allons-nous ? [1]

I

La source de nos divisions, si on la prend dans son caractère initial, remonte, à mes yeux, à l'antique doctrine qui, unissant en un seul corps tous les pouvoirs religieux et politiques, constitue, au-dessus de l'individu, les gouvernements d'autorité.

Dans le paganisme d'où sort la civilisation moderne, les Dieux représentant des forces naturelles,

[1] Ce titre était déjà inscrit lorsque parut l'article si saisissant de M. Goblet. C'est d'ailleurs le vrai mot de la situation. Les pages suivantes sont tirées de Mémoires qui paraîtront après moi; je n'ai fait que leur donner un caractère plus précis et plus actuel.

trempant dans nos passions, nos intérêts, nos querelles, l'Etat devait logiquement instituer un corps officiel, privilégié, en vue de conjurer leurs colères et de se concilier leurs faveurs par des sacrifices et des offrandes. Mais le christianisme, représentant un idéal moral qui embrasse l'humanité entière, revêt par là un caractère en même temps individuel et universel, étranger à la nation. C'est bien ainsi d'ailleurs qu'il nous apparaît dans l'histoire. Né dans les conditions les plus humbles, loin de viser au pouvoir terrestre, il appelle le renouvellement de la société par le renouvellement intérieur et volontaire de l'homme.

Quand, plus tard, la conversion de Constantin l'associe à l'Empire, cet héritage du paganisme n'accroît sa force au dehors qu'aux dépens de la liberté et de la vie du dedans. César, en effet, ne peut oublier qu'il a commandé aux augures ; l'Eglise et l'Etat ne tardent point à se disputer la suprématie, et, au cours des siècles qui vont suivre, la lutte se perpétuera chez toutes les nations européennes qui, rentrant par la conquête dans l'orbite de l'Empire, se convertissent dans les mêmes conditions.

Le résultat de cette association bâtarde a été de compromettre la politique dans la religion et la religion dans la politique. Le peuple y perdait le droit de modifier les formes de l'Etat selon ses développements et ses tendances, et l'Eglise, dans ses rapports avec les fidèles, y perdait la grande liberté de l'Evangile qui la fait *toute* à *tous*.

Dans un temps de barbarie et d'ignorance, l'Eglise par ce partage de la souveraineté a certainement rendu de grands services à l'humanité en adoucissant les cruautés de la guerre, défendant la pureté des mœurs et préservant dans ses asiles le culte des choses de l'esprit. Mais par le développement de la civilisation, d'une part l'idée du droit individuel se dégageant des principes mêmes du christianisme, de la grande valeur qu'il attribue à l'âme humaine; de l'autre, la science découvrant une assise dans des méthodes étrangères à la scolastique, un courant de liberté et d'indépendance se manifeste en face du pouvoir ecclésiastique qui, par l'association du spirituel et du temporel, prétend immobiliser la vie humaine et relative dans les formes de l'absolu.

La lutte prend alors un nouveau caractère. Les laïques interviennent en faveur des libertés individuelles, la monarchie et l'Eglise, sans renoncer, à l'occasion, aux vieilles rivalités, s'unissent contre leurs réclamations.

Tel est le spectacle que l'Europe nous présente pendant des siècles, et particulièrement la France. A la suite même de la grande Révolution, ce mouvement se reproduit. Dans les gouvernements qui se succèdent au cours du dix-neuvième siècle, l'Eglise ne cesse d'appuyer les tendances de l'absolutisme contre la liberté.

Cette intervention de l'Eglise dans la politique a pris le nom de *cléricalisme* en opposition à la religion pure : culte de la conscience, du cœur et de l'esprit.

Or, la France a toujours été anti-cléricale, sans être pour autant anti-religieuse. Au temps même de la plus grande foi, sous la vieille monarchie, dans les querelles avec la papauté, elle prend resolument le parti de ses rois. Tout en tenant à la religion comme à la tradition des pères, à ses symboles, ses cérémonies, espérances de l'au delà et occasions de fête, elle rejette instinctivement, dans l'ordre civil et politique, l'intervention du curé et du moine; les vieilles chroniques, chansons, lazzis en font foi. La place du prêtre n'est point, à ses yeux, dans les conseils de l'Etat et, moins encore, dans les conseils plus proches de la commune; elle est à l'Eglise, dans la prédication, les sacrements, la prière ; au dehors, dans la charité. Quand le prêtre descend de ces hauteurs pour se mêler aux débats de la politique, quand il prend parti, il perd tout son prestige, et si ce parti semble au peuple contraire à ses intérêts ou même à ses passions, il se tourne contre lui.

Cette séparation d'ailleurs entre le laïque, qui est l'ordre de la vie, et l'ecclésiastique, qui est l'ordre de nos rapports avec l'idéal divin, est de soi si peu hostile au sentiment religieux que, de tous temps, il s'est trouvé, au sein même du catholicisme, des croyants assez fiers et assez résolus pour y souscrire, en jetant à l'incrédulité le défi de la foi.

La tradition des Montalembert, des Lacordaire et

de leur brillant organe l'*Avenir* est encore vivante et je suis de ceux qui l'ont entendu relever dans l'assemblée nationale de février par le chevaleresque Arnauld de l'Ariège applaudi de tous les républicains. La liberté est pour ces catholiques, comme pour nous, le mot magique. « L'Eglise libre dans l'Etat libre », répétons-nous en chœur, et le peuple qui n'y comprend pas grand chose nous fait écho.

II

L'Eglise libre dans l'Etat libre! Nous semblons loin de ce temps et pourtant une république qui ne repose pas sur la liberté de l'individu ne sera jamais qu'un pastiche plus ou moins informe et déguisé de la monarchie.

A l'autorité monarchique et ecclésiastique, en effet, le principe républicain oppose la liberté individuelle limitée en chacun de nous par la liberté d'autrui : conception qui ne repose sur aucune théorie universelle mais sur le grand fait d'une humanité arrivée à son plus haut développement : la personnalité responsable et les personnalités unies dans l'égalité et la mutualité du droit.

L'unité morale des individus, si souvent invoquée dans tous les camps, est en soi une pure conception abstraite et n'a jamais existé dans aucun pays, d'une manière encore relative, que par le fanatisme religieux et au moyen de l'esclavage. L'Asie et l'Egypte nous en ont donné des modèles en immobilisant l'histoire. Dans l'Europe, plus spontanée et plus vivante, on a prétendu aussi, en d'autres temps, édifier sous le couvert religieux l'unité des doctrines universelles. Mais le christianisme vivant, brisant les formes mortes, a partout introduit dans cette unité des églises la précieuse semence de l'hérésie.

Plus les connaissances se multiplient, l'activité s'accroît, la civilisation s'étend et se complique, plus, en effet, l'unité se brise dans son caractère oppressif et absolu pour se reconstituer librement d'une manière relative sur des points spéciaux et en des groupes particuliers. Ce mouvement incessant de l'humanité en marche, ne dissout en effet, comme la nature, que pour recomposer. S'il accuse plus fortement les distinctions entre les hommes, augmentant en eux la chaleur et la vie, il multiplie, avec les besoins de sympathie et d'union, les objets d'activité. La variété des individus fait la richesse, la beauté, la grandeur du groupe.

De là vient la supériorité de la République qui, par la souplesse et la mobilité de ses formes, s'adapte mieux que tout autre gouvernement aux développements si variés de l'individu et de la société au cours de l'histoire. Menacée toutefois en même temps par ce mouvement continuel, la République n'y peut résister qu'en restant fidèle à son principe conservateur : le respect de l'individu par l'Etat et de l'Etat par l'individu, chacun dans sa sphère.

III

Le malheur de la République en France a été de succéder aux siècles de monarchie absolue qui la précédent, comme une protestation, sans aucune préparation antérieure dans les esprits et les mœurs. Or, pour créer une société libre, la protestation ne suffit pas ; il faut une connaissance des hommes et un maniement de la chose publique que l'éducation pratique peut seule donner.

En Amérique, il est vrai, on a vu une grande république, née dans la révolte, grandir pourtant et se développer. Mais si cette nation avait derrière elle en Angleterre la tradition politique de la monarchie, elle avait en elle une tradition religieuse républicaine qui, ramenant la liberté politique à la liberté morale, la fonde sur la dignité et la responsabilité du citoyen. Et ce sentiment est si fort, que dans son premier pacte social, la Constitution, elle pose cette liberté comme le principe immuable de toutes les lois et en confie la garde à une magistrature indépendante des fluctuations de la politique. Aussi revêt-elle aux yeux du peuple un caractère intangible.

Chez nous aussi toutes les révolutions ont proclamé la liberté individuelle comme fondement de l'Etat républicain ; c'est en son nom que tous les actes officiels ont été formulés. Mais cette liberté ne trouvant aucune assise dans la Constitution, aucune garantie dans la loi, reste à l'état d'abstraction magnifique et ne tarde pas à succomber sous la réaction de la monarchie. Demeurant toutefois pour le peuple une idéale légende, nous la verrons renaître de ses cendres indéfiniment.

IV

La troisième république, sortie du désastre de la guerre, a eu les plus douloureux, mais aussi les plus nobles débuts.

Un patriotisme éperdu nous unissait alors dans la défaite. Tous nous avions lutté, nous avions souffert, nous nous étions donnés sans distinction des rangs ni des hommes, et tous, du même cœur, nous aspirions au relèvement. L'élan qui y préside nous vaut l'admiration de cette Europe devant laquelle nous avions été vaincus.

L'emprunt, gage de la délivrance, est couvert quatorze fois, les menées financières condamnées tout haut, le budget réglé avec sévérité et rigueur et l'impôt de guerre levé partout sans difficulté.

L'armée, destituée du chef suprême qui, dans les

monarchies fortement constituées, lui donne tant de prestige et lui communique tant d'ardeur, se réforme héroïquement elle-même. Ecartant toutes les différences d'opinions, ne voyant que la France, elle rétablit dans ses rangs la discipline, perfectionne l'armement et trace les grandes lignes de la défense. L'histoire en aucun temps ne nous présente un exemple de patriotisme plus modeste, plus silencieux et plus haut.

Le commerce et l'industrie reprennent un nouvel élan. Pas de grèves, de paniques, de plaintes. Chacun à son œuvre, l'enrichissement est général.

La foi nous revient dans l'avenir du pays, l'espérance allège nos cœurs.

Peu à peu cependant, la question politique se pose.

Les républicains jetés révolutionnairement au pouvoir, une république de fait existe. La transformera-t-on en république de droit, ou reviendra-t-on au passé ?

Le peuple, désabusé de toutes les monarchies, tend instinctivement au gouvernement de la nation par elle-même. Devant ce mouvement constaté par toutes les élections partielles, les deux branches royales qui forment la majorité à la Chambre s'unissent pour tenter un coup d'Etat parlementaire qui échoue par l'attachement chevaleresque au drapeau blanc du futur Henri V. Les royalistes inventent alors le septennat. Mais les bonapartistes, jusqu'alors écrasés, relèvent la tête ; la division est au comble parmi les anti-républicains. Au milieu de ce désarroi, la question constitutionnelle se pose, et le 30 janvier 1875, la République sort de l'urne à une voix de majorité.

Rien n'est fini pourtant. La majorité de la Chambre restant aux royalistes, ils se réunissent à nouveau dans une lutte qui dépasse à certains égards les plus mauvais jours de l'Empire, car si on garde une apparence de légalité, la pression officielle est tellement violente, les mesures de police tellement arbitraires, que chacun se sent menacé.

A côté de ce gouvernement de persécution, se dresse sous la direction de Thiers et de Gambetta un véritable gouvernement de résistance dans lequel sont unies toutes les nuances de l'opposition. Fortement assis sur le terrain du droit républicain, ces deux chefs le défendent pied à pied sans jamais sortir de la légalité la plus stricte, avec un mélange d'habileté et d'ardeur destiné à vaincre.

La sagesse du peuple est à la même hauteur. Dominant ses élans déraisonnables et ses naturelles violences, il évite les rixes dont l'adversaire pourrait profiter et, en dépit de toutes les menaces, défend ses candidats avec une fidélité inébranlable. Le pays leur donne la majorité aux deux Chambres dans les élections nouvelles, et Mac-Mahon, après quelques derniers efforts de résistance, cède la place à Grévy. La République devient le gouvernement légal de la France.

Si la partie est gagnée par les républicains dans la

forme du gouvernement, tout reste à faire cependant pour donner à la République sa véritable assise : laïciser complètement l'Etat, en déterminer le domaine propre, déterminer par contre le domaine des libertés individuelles, et transformer par la décentralisation les institutions administratives d'origine monarchique.

Cette conception de l'Etat républicain n'est point alors, il est vrai, nettement déterminée dans les esprits. On sort de la bataille, et le temps a manqué pour l'analyse. Il faut d'abord vivre et assurer au jour le jour un ordre régulier.

La première grande réforme qui semblerait tout d'abord devoir s'imposer est la séparation de l'Eglise et de l'Etat. La logique de la vie toutefois, plus complexe que celle de l'école, ne compte pas seulement avec la raison abstraite ; elle compte avec les faits, avec le passé pesant sur le présent, les conditions sociales et l'état mental du peuple auquel elle s'applique. Une séparation absolue laissant la nation pourvoir à son culte peut convenir à un pays de traditions protestantes comme les Etats-Unis, où l'homme dressé dès longtemps par le libre examen au gouvernement de lui-même sait tirer de sa propre conscience morale et religion. Mais en France où la tradition catholique et monarchique toujours lie la morale à la foi et l'une et l'autre au pouvoir, les masses qui en dépit de toutes les révolutions ont gardé l'empreinte de cette double tradition se sentant par une telle rupture entièrement désorientées, il peut s'en suivre un grand abaissement de la morale publique, car les peuples comme les individus n'arrivent pas sans préparation à la pleine possession d'eux-mêmes.

C'est à ce point de vue et afin de donner satisfaction à une portion importante de la population, que la nouvelle République, tout en proclamant la laïcité de l'Etat et de toutes les institutions qui y affèrent, décide de laisser, au moins provisoirement, aux diverses Eglises et d'accord avec elles, une place officielle d'honneur et de bienfaisance dans la nation. Le pouvoir politique, dont tous les droits demeurent réservés, rencontrera, pense-t-on, moins d'obstacle en laïcisant en détail, et on commencera par l'enseignement primaire.

Cette réforme d'ailleurs, telle qu'on la propose, n'a rien en soi de nouveau. Depuis le commencement du siècle, l'enseignement laïque existe en France au degré secondaire et au degré supérieur. Jamais dans les externats des lycées et collèges et des écoles préparatoires les professeurs n'ont enseigné la religion, et, pour l'internat, dans la nouvelle comme dans l'ancienne économie, l'aumônier restera attaché à la maison scolaire. Il s'agit donc simplement d'étendre au degré primaire le principe appliqué déjà sans contestation au degré secondaire et au degré supérieur.

Sentant toutefois la question délicate, les chefs républicains l'abordent avec les plus grands ménagements. Je les ai à peu près tous personnellement connus, Jules Ferry entre autres.

V

Jules Ferry, alors ministre de l'instruction publique, sans professer aucun culte n'a jamais été un sectaire. Esprit essentiellement positif, avec de véritables facultés de gouvernement : le coup d'œil, l'énergie, la volonté, la suite, un sentiment très vif du réel le préservent en politique de la logique exclusive et étroite des systèmes. Il sait que la religion est une force et un homme d'Etat compte avec toutes les forces. Très patriote d'ailleurs, devant la diversité des opinions la laïcité à ses yeux a pour objet d'écarter de l'école les divisions de la vie. C'est la forme normale de la République appelant sur les mêmes bancs tous les enfants de la France, comme elle appelle leurs pères sous les mêmes drapeaux sans aucune acception de confession philosophique ou religieuse. Aussi, se plaît-il à répéter : « Ma politique est anticléricale — c'est-à-dire contraire à l'immixtion de l'Eglise dans l'Etat, — elle ne sera jamais anti-religieuse. »

Le texte même de la nouvelle loi substituant l'enseignement moral et civique » à « l'enseignement moral et religieux » et statuant dans le même paragraphe que « l'école vaquera un jour par semaine, outre le dimanche, pour permettre à l'élève de recevoir selon son culte et la volonté de ses parents, l'enseignement religieux » ne traduit-il pas cet esprit ? Laisser exclusivement l'enseignement de la religion à ceux qui la professent est aux yeux du ministre une marque de respect, et il se plaît souvent à citer l'exemple de Gladstone, chrétien convaincu, qui a pourtant laïcisé l'école publique en Angleterre. La séparation, loin d'impliquer la guerre, appelle, au contraire, la conciliation dans l'intérêt du pays.

Suivons Jules Ferry, dans la séance même du Sénat où il s'explique d'une façon si nette et si précise.

« La tâche de l'instituteur, dit-il, ne consiste point à élaborer des systèmes, mais à éveiller la conscience. Les élèves, d'ailleurs, arrivant à l'école, ont en grande majorité reçu déjà dans leur famille des notions de morale communes à tous les cultes dans les pays civilisés. Ce sont ces notions restées au premier âge fugitives et vagues que la leçon fortifie en les faisant passer dans la pratique. » « L'enseignement moral laïque se distingue donc de l'enseignement religieux sans le contredire ». « L'instituteur se joint au prêtre et au père de famille pour faire de l'enfant un honnête homme. » « Il doit insister sur les devoirs qui rapprochent les hommes en écartant les dogmes qui les divisent. Toute discussion philosophique et théologique lui est interdite manifestement par le caractère même de ses fonctions, par l'âge de ses élèves, par la confiance des familles et de l'Etat. » C'est, en un mot, « la bonne vieille morale de nos pères dont on trouve tous les éléments dans le catéchisme. »

Et, pour marquer combien l'enseignement laïque s'éloigne de l'irréligion, chez ceux même qui l'ont le plus librement exposé, il me fait l'honneur de citer le passage suivant d'une de mes études :

« L'irréligion ne doit jamais trouver place à l'école, ni dans l'enseignement, ni dans celui qui enseigne. Il est au delà des vérités d'expérience, des problèmes auxquels le champ de l'hypothèse demeurera toujours légitimement ouvert.... Cet au-delà est le domaine de la religion qui ne lui sera point ôté ; quand elle cessera d'être un pouvoir politique, elle reprendra sur les âmes une autorité que nul ne lui disputera plus. »

« Je demande, dit en terminant le ministre, à tous les hommes de bonne foi, sur quelque banc qu'ils siègent, si la neutralité n'est pas ainsi textuellement définie par la loi avec une sincérité et une précision auxquelles chacun doit rendre hommage ? »

Le programme déterminé par le conseil supérieur s'inspire du même esprit. On y retrouve la série des devoirs qui, selon tous les cultes, incombent à un enfant au-dessous de quatorze ans dans la famille et à l'école, envers les parents, les serviteurs, les camarades, envers soi-même, envers la patrie et envers Dieu.

Ce dernier point même délicat est délimité par le conseil de manière à ménager les opinions les plus diverses.

Ecartant toute théorie sur la nature et les attributs de Dieu, « l'instituteur, dit-il, doit seulement enseigner à l'enfant à n'en pas prononcer le nom légèrement, à associer étroitement en esprit à l'idée de cause première et d'être parfait, sous quelque forme de culte que cette idée se présente, un sentiment de respect et de vénération. Le premier hommage que l'enfant doit à la divinité, c'est l'obéissance à ses lois, telles que les lui révèlent la conscience et la raison. »

Une note en outre enjoint ici textuellement à l'instituteur de prendre pour point de départ « l'existence de la conscience, de la loi morale, de l'obligation, de faire appel au devoir et à la responsabilité, sans entreprendre à ce sujet aucune démonstration rationnelle. »

VI

Dans la réorganisation de l'enseignement public et surtout dans l'application de la laïcité, les adversaires ont reproché à Jules Ferry d'avoir fait aux protestants une place disproportionnée à leur nombre dans le pays.

Que signifie cette accusation ?

Un Etat fondé sur le droit individuel et laïque n'a point à se préoccuper de l'origine religieuse de ses fonctionnaires, mais seulement de leur moralité et de leur aptitude. Si les choix de Jules Ferry se sont portés plus spécialement sur les protestants, ce n'est point pour favoriser leur culte, mais parce que chez eux le principe de la liberté de conscience et du libre examen, par le fait même de son développement, ramène la Réforme de l'ecclésiastique au laïque. Les pasteurs n'ont rien d'indélébile. Chrétiens choisis par d'autres chrétiens pour s'adonner plus spécialement à la prédication et aux œuvres de fraternité, mariés d'ailleurs et vivant de la vie commune, ils ne sauraient former un corps à part, un clergé. Dans leur enseignement, la morale prédomine. C'est la conscience qui mène à la foi plus que la foi ne s'impose à la conscience.

Aussi a-t-on vu en Angleterre, sous le ministère Gladstone, les Eglises chrétiennes les plus ardentes, les dissidents, s'unir aux libres-penseurs pour défendre l'enseignement laïque, se réservant jalousement l'enseignement religieux qui ne saurait être donné, disaient-ils, dans son véritable esprit, par des instituteurs publics souvent incroyants.

Jules Ferry trouvait ainsi chez les protestants libéraux un concours d'autant plus précieux que le respect de la religion, rentrant à leurs yeux dans le respect de la conscience, écartait tout caractère d'hostilité. Ces choix ont donc été faits en dehors de toute préférence confessionnelle, et ils n'ont rien eu d'exclusif d'ailleurs, comme on va le voir.

La transformation nécessitait un nouveau directeur général au Ministère et deux directeurs aux écoles normales supérieures de Fontenay-aux-Roses et de Saint-Cloud pour filles et garçons. Le Ministre nomme : M. Buisson, directeur général ; Mme de Friedberg, directrice à Fontenay-aux-Roses, avec M. Pécaut comme directeur des études ; M. Jacoulet à Saint-Cloud.

M. Buisson et M. Pécaut sont protestants, Mme de Friedberg et M. Jacoulet sont catholiques.

M. Buisson, d'ancienne famille protestante, était depuis sa jeunesse attaché à l'enseignement. Je le connus à l'époque du siège. Liés par la conformité des sentiments patriotiques et des vues scolaires, nous travaillâmes alors souvent ensemble.

M. Buisson, doué d'un esprit ouvert et prompt, primesautier même, fantaisiste et fugace, n'est point certainement un administrateur de race. Lui-même, plus tard, en témoigne par la joie avec laquelle il échange le poste de directeur contre celui de professeur à la Sorbonne, diminution dans l'ordre de la hiérarchie. Comme toutefois il ne s'agissait point pour Jules Ferry de conduire une vieille administration selon des rites et coutumes traditionnels, mais de renouveler des méthodes et d'élever à la hauteur de l'idée un personnel d'humble origine et de médiocre culture, de lui communiquer l'initiative, d'animer son zèle et de l'intéresser au résultat, M. Buisson, sur ce terrain, retrouvait la maîtrise. Nul ne pouvait mieux résoudre les questions inhérentes à l'application de programmes nouveaux, à la rédaction desquels il avait si intelligemment contribué, et il apportait dans les relations de personnes la chaleur d'humanité, la sincérité cordiale, les façons affables, faites pour adoucir les frottements, faciliter les relations personnelles, se concilier les bons vouloirs.

Si l'on veut maintenant connaître les sentiments

religieux de M. Buisson à cette époque, il faut lire ses deux volumes sur le *Christianisme libéral* et ses quatre conférences à l'Université de Genève (avril 1900), où il résume la religion en un triple effort de la volonté, de l'intelligence, de la sensibilité, pour nous élever de la nature animale à la nature humaine, et de l'humanité à cette nature supérieure que les anciens, avant les chrétiens, appelaient déjà divine.

Cette thèse, sans doute vague en soi, ne contient ni une philosophie ordonnée, ni une religion positive, mais c'est le spiritualisme chrétien le mieux fait pour s'adapter aux besoins d'une école neutre qui laisse aux familles l'enseignement proprement religieux.

M. Pécaut est un pédagogue au sens le plus élevé du mot. Ami de M. Buisson, s'il n'a pas la même variété d'aptitudes, ni le même mouvement d'esprit, il possède une plus profonde intuition de l'âme humaine, de ses besoins divers, souvent contradictoires, de ses aspirations les plus hautes, de ses tentations et de ses faiblesses les plus tristes, en un mot de la lutte morale sous tous ses aspects, et il a le don d'exciter les jeunes au bon combat, de leur faciliter la victoire. C'est un éducateur de race ; on le sent à la première vue de son corps émacié, de ses mouvements lents, de sa parole grave, de ses yeux surtout enfoncés et brillants dont le regard pénètre et attire.

M. Pécaut, à Fontenay, exerce la direction supérieure des études et surtout la direction morale. Chaque matin, à sept heures, une conférence qu'il s'efforce de transformer en entretien, commence la journée. On y traite de tout : études, discipline, sentiments, rapports avec les condisciples et les supérieurs. Et tout est ramené au même point : élever et purifier sa vie afin de la rendre plus communicative et plus féconde. On rencontrera certainement des difficultés de toute sorte. Les plus ardues sont en soi ; celles-là vaincues, nous finissons presque toujours aisément par surmonter les autres.

De la possession de soi-même s'élevant plus haut encore, il rattache l'idéal moral à un idéal religieux que la conscience révèle sans le pouvoir définir et qu'il appartient à chaque culte de déterminer.

Ces entretiens, auxquels j'ai assisté souvent, expliquent la puissante influence du maître sur ces âmes de jeunes filles inexpérimentées et inquiètes qui, devant une vie de liberté, de responsabilité et de travail cherchent auprès de lui leur inspiration.

M. Pécaut trouve heureusement dans la directrice, Mme de Friedberg, une associée digne de lui.

Mme de Friedberg n'est point une héroïne d'examen. Fille d'un officier supérieur attaché à l'Elysée au temps du second Empire, bien douée d'ailleurs, sa première jeunesse s'est écoulée facile et épanouie. Mariée par amour à un baron polonais qui mourra peu après l'avoir ruinée dans des entreprises désastreuses, ayant alors déjà perdu son père, elle se trouve à trente ans veuve et pauvre avec trois enfants à élever. La protection impériale la sauve en lui confiant, par l'entremise de M. Haussmann, une inspection d'asile. Ses rapports l'y font remarquer et la conduisent rapidement à la direction de l'école primaire supérieure, puis à celle de l'école normale du département de la Seine et enfin à Fontenay-aux-Roses.

Mme de Friedberg peut manquer de titres scolaires, mais elle a les dons que les titres ne confèrent pas : une observation pénétrante, un jugement sûr, un sens moral ferme, droit, élevé. Belle encore, d'une beauté de lignes sans éclat, mais d'une grande distinction, la spontanéité d'une âme jeune et bienveillante accroît son charme, et le tact, l'aisance puisés dans la pratique du monde lui facilitent toutes les relations.

Si M. Pécaut, de loin, garde le prestige, Mme de Friedberg, de près, veillant au détail, remplit une tâche non moins importante et plus épineuse avec des élèves de tout âge, les unes encore en préparation, les autres déjà à l'œuvre, venant se retremper et s'inspirer au foyer d'origine. La première éducation, d'ailleurs, manquant presque à toutes, il y a fort à faire et la maîtresse ne néglige rien : ni les soins personnels, ni les manières, ni le ton. Véritable éducatrice, pour modifier le dehors elle s'adresse au dedans. Rien de didactique, d'ailleurs, dans ses procédés. C'est par le contact et l'exemple qu'elle éveille la conscience et s'attache à développer chez ses élèves les qualités vraiment féminines : le respect de soi, la délicatesse, la dignité, la réserve, seuls véritables préservatifs dans une vie de liberté et d'isolement, compliquée par de fréquents rapports avec l'autre sexe. « Il faut être femme deux fois, dit-elle souvent à ses élèves, quand on a à accomplir une œuvre d'homme. ». Et ses maximes sont vivifiées par l'exemple. Aussi, son action est grande et se prolonge au delà de l'école. Les élèves quittent toujours Fontenay avec larmes et dans le lointain de la province où elles vont enseigner, c'est encore de Fontenay qu'elles vivent.

J'avais rencontré pour la première fois Mme de Friedberg dans la commission d'enseignement réunie au ministère de l'instruction publique sous le siège. La communauté des sentiments patriotiques nous rapprochant, je suis de près son œuvre. Catholique de naissance et de tradition, Mme de Friedberg a gardé des premières croyances un sentiment profondément chrétien, le respect de la foi et de la conscience. Quand je lui demande : vos élèves, catholiques ou protestantes, continuent-elles à Fontenay, à pratiquer, leur culte?

— Certainement, me répond elle, à de rares exceptions près, leur liberté est complète et je les y encourage. On n'a jamais trop d'aides pour livrer le bon combat.

J'ai connu M. Jacoulet, directeur de Saint-Cloud, comme inspecteur d'académie dans le Jura et dans l'Isère, où ayant des amis, je m'occupais à introduire certaines réformes pratiques dans les écoles primaires. Nos entretiens alors me révèlent en même temps la valeur de ses vues pédagogiques et la sincérité, la largeur de ses sentiments religieux. Catholique pratiquant, sous les gouvernements du 24 et du 16 mai, il n'a jamais consenti à faire de la religion un moyen politique. Aussi, fûmes-nous immédiatement d'accord sur le nouvel enseignement. Je signalai, moi-même, M. Jacoulet à M. Buisson, comme directeur de l'école primaire supérieure en préparation. Il le fit appeler et, satisfait de l'entretien, me demanda pour la communiquer à Jules Ferry une lettre qui doit se trouver encore dans les dossiers du ministère. La nomination suivit de près.

M. Jacoulet, directeur de Saint-Cloud, n'a jamais cessé d'aller à la messe, peut-être même, on le disait, tous les matins, et jamais à ce sujet ni critiques de ses supérieurs, ni railleries de ses élèves. Respecté de tous, il a paisiblement poursuivi son œuvre jusqu'à l'heure de la retraite et même, alors, logé dans le voisinage, il n'a cessé de visiter cette école à laquelle il avait tant donné et où il était toujours le bienvenu.

VII

L'enseignement laïque compris et appliqué dans cet esprit ne pouvait-il pas être sincèrement accepté par l'Eglise, sinon comme un principe de vérité, au moins comme une nécessité des temps ? Si l'Eglise, en effet, regarde la laïcité comme insuffisante, elle ne saurait la regarder comme coupable en soi. Nous voyons sans cesse les instituts catholiques appeler le concours de maîtres qui ne professent ni ne pratiquent la religion et les familles les plus pieuses envoyer leurs enfants au lycée tout en leur donnant des abbés comme répétiteurs. Le respect donc leur suffit, et, avec l'entente des pouvoirs, le respect était assuré.

Ah ! si, à cette heure solennelle, où la République encore incertaine, s'efforçait de rallier toutes les forces de la nation et y cherchait son équilibre, l'Eglise, au lieu de la rejeter aveuglément, y eût pris paisiblement sa place, que n'eût-elle pas obtenu ? Déjà sans doute, à cette époque, des éléments de haine religieuse existaient dans la nation, il y en a toujours eu ; restreints toutefois à une minorité infime et à la partie inférieure de la démocratie, ils n'avaient ni crédit, ni autorité. Toutes les conquêtes républicaines accomplies au nom de la liberté, l'Eglise en s'appropriant ce principe désarmait ses ennemis. La transformation dès lors, au lieu de se faire contre elle, se faisant avec elle, elle gardait ses propres établissements, et l'enseignement privé resté libre, rien ne l'empêchait, à côté des écoles laïques, de fonder le jeudi et le dimanche des écoles complémentaires d'enseignement religieux, les élèves, selon la volonté des familles, passant des unes aux autres, comme les mariés de la mairie à l'Eglise dans la liberté et la paix.

Malheureusement l'Eglise, sous l'empire de l'antique union avec l'Etat et de ses relations personnelles avec les hobereaux, avait dès le début déclaré la guerre à la République avec le dernier acharnement. A l'époque des élections descendant sans hésitation dans l'arène politique, elle fait feu de toutes armes, voire même des choses saintes, pour peser sur les votes. Vaincue, la république légalement fondée, elle continue la guerre en face des nouvelles institutions. La laïcité de l'enseignement met le comble à une violence que les sages conseils du Souverain Pontife ne parviennent même pas à arrêter. Qu'on compare dans la discussion parlementaire la parfaite mesure, la courtoisie de Jules Ferry à l'acrimonie de ses contradicteurs et qu'on suive surtout au dehors le déchaînement auquel le ministre fait même allusion à la tribune. Plus ou moins sans doute initié par le nonce aux sentiments de Léon XIII, « les limites du sacerdoce, s'écrie-t-il, ont été dépassées. On ne défendrait pas en présence de l'autorité suprême, cet ensemble de violences, d'excommunications et d'auto-da-fé[1]. »

L'Eglise, en effet, tenant pour des droits les vieux privilèges qui en ont fait si longtemps la tutrice née des générations, ses chaires, ses tribunes, ses journaux, ses revues, retentissent d'invectives et d'outrages, et cette polémique sans frein s'enrichit même d'une nouvelle thèse : les catholiques et les royalistes représentant seuls le passé de la France, sont seuls vraiment français. L'excommunication s'étend des juifs aux protestants dont les racines sont pourtant si incontestablement nationales ; il ne faudrait pas moins pour la satisfaire qu'une nouvelle révocation de l'Edit de Nantes.

C'est dans cette odieuse guerre qu'il faut chercher la racine des haines qui nous désolent aujourd'hui.

La violence, en effet, provoque la violence.

Si, en face de leurs adversaires, les chefs républicains ont su garder l'impartialité et la justice, on ne saurait attendre la même sagesse d'un peuple empreint de l'esprit de parti, palpitant encore du com-

[1] Séance du 31 mai 1883.

bat et prenant la victoire pour une revanche. Aussi, ne trouve-t-on pas moins d'excès dans le camp opposé. Non seulement à « l'école laïque sans morale et sans Dieu, école de la révolte et du vice, » on répond par « l'école catholique de l'ignorance servile, de la superstition et de l'hypocrisie », mais les rhétoriciens du parti opposent thèse à thèse. La laïcité n'est plus le terrain neutre où toutes les opinions peuvent trouver place, c'est une nouvelle doctrine impliquant une morale dérivée de la science, destinée à détruire et à remplacer la religion. Certains demandent même à l'Etat de formuler cette morale par demandes et réponses dans des manuels que les enfants apprendront par cœur, comme autrefois le catéchisme.

Jules Ferry, pendant ce temps, laisse passer la guerre et poursuit avec calme son œuvre : non seulement la laïcité, mais la multiplication des établissements scolaires à tous les degrés, le renouvellement de toutes les méthodes de pédagogie. Ne reculant devant aucun sacrifice, la France, si arriérée jusqu'alors sur ce terrain, reprend d'un élan sa place. L'Europe le reconnaît tout haut.

VIII

On s'étonne parfois que cet immense effort de la nation n'ait pas produit sur les jeunes générations les bienfaisants effets qu'on en avait attendu. Mais l'école n'est pas une entité métaphysique possédant l'existence de soi ; c'est une institution sociale vivant du milieu qui l'enserre autant que des éléments qui la composent. L'enfant y apporte tous les contre-coups du dehors, ceux de la famille d'abord, puis ceux de la place publique qu'il traverse en s'y rendant, et, dans son âme non encore équilibrée, ces contre-coups se répercutent avec une force particulièrement intense. Comment l'école accomplirait-elle son œuvre de développement et de paix, quand les troubles du dehors y pénètrent par toutes les issues et que, loin d'en préserver les élèves, les maîtres eux-mêmes les y associent par de mutuelles accusations? quand ils enseignent à ces enfants d'une même patrie à aiguiser les armes dont ils se serviront un jour les uns contre les autres? On croit de part et d'autre, par de tels procédés, faire les soldats d'une grande cause. On ne fait, hélas! que des sceptiques, prêts à retourner l'arme contre qui la lève, ne voyant nulle part la vérité et le bien. L'équilibre de la conscience détruit, l'enfant perd le ressort de la jeunesse, la gaieté, la confiance, l'élan généreux vers un avenir inconnu, parfois même jusqu'au goût de la vie. Les uns, à tempérament vigoureux, se livrent à l'instinct déchaîné des passions sensuelles; les autres, désorientés, éperdus, tombent dans la désespérance. Aussi voit-on aujourd'hui, chose nouvelle, des crimes d'enfants et d'adolescents d'une incroyable audace et aussi des suicides pour un rien, une vétille, un insuccès ou une injustice supposée à l'école, une réprimande des parents, une querelle de camaraderie.

Et ici qu'aucun parti ne prétende sur l'autre à la supériorité. Si la statistique criminelle accorde à l'enseignement religieux un léger avantage, il est si minime qu'on a le droit de l'attribuer au choix réservé à l'école libre, tandis que l'école publique est tenue de recevoir sans acception tout ce qui se présente.

Le mal n'est donc pas dans les théories; il est dans la guerre qui partage la France en deux camps, dans le trouble d'esprit, l'affaiblissement moral qui en dérive et s'étend, bien au delà de l'école, à tous les âges, à tous les rangs de la société.

IX

Jules Ferry avait commencé la grande réforme républicaine dans son véritable esprit libéral. On pouvait beaucoup attendre de ce patriote homme d'Etat ; malheureusement il mourut trop vite. Ses successeurs au pouvoir, absorbés par la lutte contre les éléments de l'ancien régime et par les complications de la politique coloniale qui, tout en étendant notre action au dehors, rencontrait au dedans de nombreux obstacles, ne continuent pas dans l'ordre politique la réforme commencée dans l'enseignement. La vieille administration royale centralisée reste intacte, et le pouvoir, au lieu de donner des garanties à la liberté individuelle, se réserve des privilèges dont il peut être commode à l'occasion d'user, mais qui menacent autant qu'il servent ceux qui ne les posséderont pas toujours.

Ainsi la République, enclavée dans les moules de la Monarchie, ne trouvant point en elle-même son assise propre et son principe d'action, garde un caractère de faiblesse et d'incertitude. Devant les complexités du gouvernement dans un pays disputé par des traditions diverses, les chefs hésitent, tâtonnent, s'effraient des responsabilités et, dans les cas difficiles, se sauvent par des compromis qui les diminuent.

A leur côté, les Chambres, recrutées au hasard d'un suffrage ignorant et aveugle, votent hâtivement, sous l'émotion de l'heure présente, des lois mal définies, souvent contradictoires, qui laissent place à toutes les interprétations et à tous les envahissements.

La République, dès lors affaiblie, perd son autorité et son prestige. Ceux qui l'ont défendue avec le plus de résolution se découragent, et les masses pleines d'illusions, après en avoir attendu ce qu'aucun gouvernement ne peut donner, la fin des misères humaines, se détournent et s'irritent. Les mœurs électorales s'abaissant, les hommes les mieux faits par le caractère, les connaissances, l'honorabilité, pour conduire les affaires publiques s'en écartent volontairement quand ils n'en sont pas exclus, tandis que les exploiteurs arrivent en foule. Le charlatanisme des idées et des mots, les basses intrigues, les promesses menteuses accélèrent ce mouvement. Les nouvelles générations, dès lors, ne se sentant plus soutenues par la foi au principe supérieur et fort qui élevait leurs pères au-dessus de soi, tombent dans le sauve-qui-peut des intérêts personnels. La politique devenue un moyen d'enrichissement et d'influence, les partis se forment en syndicats au profit de leurs membres. Le pouvoir est le point de mire universel, et ceux qui parviennent à le saisir, se sentant sans lendemain, s'attachent à en tirer pour eux-mêmes tous les profits avant de le laisser à d'autres.

Ainsi, la République, ballottée à tous les vents, ne se maintenant que par l'impossibilité d'ériger une autre forme de gouvernement, devient un symbole d'impuissance. Elle avait été pour ses fondateurs l'idéal auquel on se dévoue ; elle devient la proie qu'on se dispute.

Deux tristes incidents ont beaucoup contribué à précipiter ce mouvement : Panama et Dreyfus.

X

Jusqu'au jour de la démission de Grévy, la République, fière de ses premières victoires, avait garda un grand prestige. Pour la première fois alors lé finance la compromet de son ombre douteuse. La personne du président, sans doute, n'est pas en cause; toutefois, en se solidarisant avec son gendre, il porte atteinte à la fonction. Ce coup émeut la nation profondément. La grande honorabilité du successeur, Carnot, semble devoir la relever; mais, bientôt après, Panama, révélant toute une organisation de vénalité savante parmi ceux qui touchent au pouvoir, jette le pays dans la stupeur. Les culpabilités sont si étendues et se produisent dans des conditions si complexes, qu'on hésite, ne sachant où frapper. Aussi les coupables habiles échappent pour la plupart aux atteintes de la loi, et le débordement de colère et d'injures qui fait rage à la suite, marque douloureusement pour nous l'incapacité des gouvernants.

Quelques années après, l'Affaire Dreyfus éclate comme un orage plus terrible, plus dangereux encore, car, prenant un caractère révolutionnaire, non seulement elle divise le pays en deux, mais elle l'atteint dans son organisation constitutive.

Tout en me gardant de revenir sur une question à laquelle nul n'a répondu et ne répondra d'une façon définitive, jusqu'au jour où la mort, dénouant tous les engagements, ceux qui *savent* pourront librement parler, au moins puis-je dire que s'il y a eu ici de grandes maladresses, des préjugés, des partis pris et de niaises intrigues, jamais personne en France n'a voulu la condamnation d'un innocent.

Au début, la sincérité de ceux qui mettent en doute la première condamnation, comme celle de ceux qui la défendent, est évidente, et si, alors, devant des doutes sérieusement formulés, le pouvoir eût pris en main la question, ordonné et conduit résolùment enquête et revision, le second jugement, quel qu'il fût, était accepté et l'opinion satisfaite. Malheureusement, hésitant et faible comme toujours, sentant l'équivoque dans ses entours, il laisse se développer les éléments de perturbation : d'une part, la résistance de l'esprit de corps, de l'autre, l'agitation révolutionnaire.

Tandis que la grande masse se tait, confiante en ses chefs et fidèle au culte de l'armée, un groupe restreint mais choisi, revêtu d'une autorité morale incontestable, affirme l'innocence du condamné, proteste contre le jugement et fait de la revision une question de justice.

La justice ! beau mot, mais d'un abus facile, dans l'ordre social surtout, où les faits se présentent toujours d'une façon si complexe. L'individu n'est point isolé dans la nation. Partie d'un groupe organisé dont les membres se tiennent les uns aux autres par des liens tacitement consentis, en vue d'un bien commun, l'individu, toujours libre de se retirer du groupe, a-t-il le droit, tant qu'il en fait partie, de recourir à la violence parce que tel ou tel rouage n'a pas fonctionné à son gré correctement ? S'il en était ainsi, quelle société pourrait tenir ? Sous une constitution tyrannique, qui étouffe toutes les réclamations, si la violence toujours regrettable en soi, car elle commence par commettre l'injustice pour arriver soi-disant à la justice, peut cependant s'expliquer, rien ne la justifie dans un pays de suffrage universel où toutes les portes sont ouvertes au redressement.

La voie régulière de la revision consistait à s'adresser au ministre compétent d'abord, et, en cas de résistance, à la nation par le pétitionnement. Tel est le procédé par lequel on a vu s'opérer les plus grandes réformes dans les pays où la liberté fondée sur le respect de la conscience et de la loi, est entrée dans les mœurs.

— On n'aurait ainsi rien obtenu, répondent les opposants.

D'abord, on n'en sait rien, et, en tout cas, la fin ne justifiant pas les moyens, on restait dans le devoir.

Laissés à leur inspiration, les initiateurs du mouvement, gens honorables et sincères, empreints d'ailleurs des traditions de liberté, auraient probablement suivi la voie légale. Malheureusement, les révolutionnaires, s'emparant de leur protestation comme d'un moyen de guerre, il se forme entre les uns et les autres une alliance hybride dans laquelle les premiers seront submergés. Une lettre célèbre, mettant en cause les institutions nationales et les pouvoirs publics, couvrant d'invectives et d'outrages ceux qui les représentent, faisant appel aux plus détestables passions populaires, donne le signal du déchaînement.

On sait ce qu'il fut de part et d'autre, ce déchaînement, et à la suite de quelles péripéties la revision finit par être obtenue. Les cris tant de fois répétés de : « Lumière ! lumière ! » n'ayant toutefois fait jaillir d'aucun côté la preuve tangible que chaque parti prétend posséder en propre, force est de s'en remettre aux termes de la loi qui n'exige point cette preuve et demande seulement aux jurés de déclarer « en leur âme et conscience » ce qu'ils croient la vérité.

La seconde condamnation, d'ailleurs bien que suivie de près par la grâce, loin de désarmer personne, redouble le débordement de haine et d'injures. C'est une sorte de folie furieuse à laquelle la France est en proie, et, chose singulière, l'Europe à la suite.

Mais les nations étrangères peuvent à cœur-joie se donner l'insolent plaisir de nous faire la leçon ; elles ne sont engagées dans la question ni de leur honneur ni de leur vie !...

Le flot suit son cours. D'une part, on prononce le mot de patrie ; de l'autre, celui de justice. L'idée de patrie toutefois est ramenée à un nationalisme exclusif et étroit, incompatible avec les conditions de la vie moderne, et l'idée de justice, transformée en orgueil et en haine par les excès de l'individualisme, devient, entre les mains des violents, un prétexte de révolution. Ce que ceux-ci visent, par-dessus toutes les « affaires », c'est le renversement des institutions qui les gênent : la magistrature, l'armée, la religion. La nation, atteinte dans ses couches les plus profondes, se partage en deux camps, et ceux qui ont gardé assez de sang-froid dans l'esprit et de patriotisme au cœur pour voir le péril, n'ont d'autres ressources que de se retirer en eux-mêmes, silencieux et désolés !

Si cette triste affaire n'a pas créé dans la nation un antagonisme qui y existait déjà, elle l'a porté à l'extrême, et, chose plus grave encore, elle a affaibli le patriotisme dans les âmes et faussé le principe même de la république avec la conception de la liberté.

XI

Au milieu de cet immense désarroi, dont la cause première de plus en plus s'efface devant les passions politiques qui, après s'en être servi, ont fini par l'absorber, un nouveau ministère était arrivé au pouvoir, en vue, disait-on, de l'apaisement. Son chef, d'un talent et d'une valeur incontestables, sort du groupe des républicains modérés, et la grâce succédant de si près à la condamnation, comme pour partager la victoire, semble chez lui un gage d'impartialité. La composition de son ministère, où se heurtent les opinions les plus opposées, trahit, il est vrai, quelque dilettantisme. Mais on a un tel besoin d'espérance !

Les vieux éléments monarchiques cependant, profitant de l'émotion causée par la mort subite de Félix Faure et l'avènement de Loubet, essaient alors de donner un dernier assaut à la république, dans la personne du nouveau président. Cette tentative, toutefois, échouant pitoyablement dans son impuissance, la situation politique reste intacte, avec une grande majorité républicaine à la Chambre comme dans le pays.

Dans ces circonstances qui n'ont rien d'alarmant, quand la masse de la nation, fatiguée de vaines querelles, ne demande que la paix, le nouveau ministère, invoquant un complot imaginaire, déclare la république en péril et nous donne l'étrange spectacle du Sénat, érigé malgré lui en cour suprême et siégeant pendant des mois pour arriver à rendre trois pitoyables et contestables arrêts de condamnation. Puis, de la manière la plus imprévue, voilà les congrégations mises en cause devant la Chambre.

Les rapports de l'Eglise et de l'Etat sont certainement une question républicaine très grave, mais aussi très complexe et très épineuse. Etait-ce l'heure de la poser ? Et, en admettant même cette grande hâte, ne le pouvait-on faire autrement ?

Si les congrégations avaient pris un caractère d'envahissement, la faute en était à la négligeance des gouvernements précédents qui n'avaient point appliqué les lois restrictives. On pouvait revenir à ces lois et même, sans sortir du droit commun, les compléter par d'autres touchant aux biens de main-morte, si impopulaires dans le pays. Le ministre préfère ouvrir une voie délicate et périlleuse, qui nécessitait, pour éviter les écueils, beaucoup de finesse et de savoir-faire. Si du moins, après s'y être engagé, il fût allé jusqu'au bout en déterminant lui-même la portée et les conséquences de sa loi, on aurait pu espérer de la correction et de la mesure de cette main habile et de cet esprit fantaisiste sans doute, mais qui, en jouant avec le péril, gardait du moins la supérieure possession de soi-même qui permet de le limiter. Malheureusement, le dernier acte du jeu, le plus inexplicable, a été, en plein combat, d'abandonner la partie et de laisser à d'autres le soin d'en récolter les fruits. On sait combien ces fruits ont été amers...

La guerre de légistes savants dirigée contre les congrégations se transforme alors en guerre brutale et haineuse contre la religion elle-même. Le nouveau ministre, poussé par la fraction de la Chambre la plus violente, et la poussant à son tour, cette surexcitation mutuelle arrive, non seulement à tirer de la loi des conséquences qu'elle n'a jamais contenues — son auteur le démontrera plus tard à la tribune, — mais à y joindre des développements nouveaux qui, passant de la congrégation au congréganiste, violent ouvertement le droit républicain sur un point sacré entre tous : la liberté de conscience. Des vœux personnels, en effet, ignorés de la loi, ne nous engageant qu'envers nous-mêmes et envers Dieu, sont un pur acte de conscience. Frapper d'exception ceux qui les ont prononcés, leur imprimer pour ce fait une marque de déchéance, leur ravir une partie des droits du citoyen, c'est renouveler, contre les catholiques, les édits de Louis XIV contre les protestants, avec la différence de procédés d'une époque plus civilisée et plus humaine.

Je n'insisterai pas sur la série de décrets arbitraires et sur le redoublement de colère et de haine dont le pays, à la suite, a été le témoin attristé. La monarchie absolue avait suivi la même voie. D'accord toutefois avec elle-même, au moins n'avait-elle pas eu besoin de subtiliser. Mais la république ?.... Ses prétendus défenseurs, réduits à employer la rhétorique menteuse si souvent reprochée par eux à certains de leurs adversaires, faussent ici la valeur des termes comme le sens des idées. La liberté n'est plus pour eux ce grand principe du droit réciproque qui, dans une véritable république, ne fait aucune acception de personnes. C'est le privilège de ceux qui pensent d'une certaine façon.

Le spectacle d'une telle politique a été dans ces derniers temps le plus douloureux et le plus décevant pour ceux qui ont cru, du fond de l'âme, au principe républicain et ont travaillé toute leur vie à le faire prévaloir.

XII

En un temps de critique scientifique, philosophique et religieuse comme le nôtre, ce principe de liberté individuelle et de droit commun est le seul qui puisse rallier le pays. Mais il ne suffit pas à la République de le proclamer, il faut qu'elle le constitue de manière à en faire une défense légale contre les envahissements du pouvoir sans d'ailleurs affaiblir celui-ci.

Le point important consiste à distinguer les deux domaines : celui de l'individu qui veut être libre et celui de l'Etat qui doit rester fort pour maintenir cette liberté même dans un ordre général et régulier. De cette distinction naîtra l'harmonie de leurs rapports.

Dans la monarchie, l'initiative et l'action partant de l'Etat, plus l'individu est asservi, plus l'Etat est fort.

Dans la République, au contraire, cette initiative et cette action qui fécondent les forces du pays, partant de l'individu, plus il est libre, plus l'Etat est puissant.

A l'Etat donc tout ce qui est de l'ensemble de la nation : organisation d'un suffrage universel qui permette aux électeurs de connaître leurs candidats et réserve le droit des minorités ; administration décentralisée qui fasse circuler la vie dans toutes les parties du pays, au lieu de l'absorber au centre ; direction des intérêts nationaux ; défense au dehors, sécurité au dedans : guerre, marine, diplomatie, justice, impôts, travaux et enseignement public, etc. ; institution de solidarité où il serait bon toutefois d'appeler le concours volontaire de l'individu comme représentant une chaleur de sympathie humaine, étrangère à l'administration.

A côté de ce domaine de l'Etat, celui de l'individu, sous toutes les formes de son activité : liberté de conscience, de culte, d'enseignement, d'association, de travail, d'échange, etc.

Entre les deux domaines, une magistrature indépendante, qui aura pour objet d'en faire respecter les limites.

Je n'ai pas la prétention de dresser ici de toutes pièces une constitution de l'Etat républicain. Cette œuvre apartient à de plus compétents [1]. J'en rappelle seule-

---

[1] Voir les travaux de M. Léon Bourgeois sur la solidarité, de M. Benoit sur l'organisation du suffrage universel, de M. Faguet sur le libéralisme, etc.

ment le principe. Rien de nouveau d'ailleurs sur ce terrain. Méditons nos propres maîtres, Montesquieu et Tocqueville, et étudions certains points de la Constitution des Etats-Unis, sans toutefois rien copier servilement, notre histoire et nos rapports internationaux nous créant une situation à part.

Cette étude, entreprise déjà par de vrais patriotes et de nobles esprits, pourrait être ordonnée et résumée en un programme électoral qui constituerait la base d'un parti nouveau, celui de tous les esprits vraiment libéraux, de quelque point qu'ils viennent; programme qui, tout en posant les principes, se garderait des grands mots dont on a trop abusé et affecterait au contraire, dans les développements, un caractère éminemment positif et pratique, de sorte que chacun vit nettement le but à atteindre.

On ne comprend pas assez en France à quel point nos institutions prétendues républicaines sont restées monarchiques. Cette nation qui se croit et se déclare libre est en réalité à la merci de deux Chambres qui, par des lois d'oppression sur les personnes, d'exaction sur les biens, de désorganisation dans les rapports du travail et de la famille, pourraient détruire entièrement la nation elle-même, sans nous laisser d'autre recours que la révolution violente. On a dit dès longtemps que la tyrannie anonyme des collectivités était la plus odieuse et la plus menaçante, parce qu'elle est irresponsable et insaisissable. Nous commençons à le reconnaître. Puisse ce réveil de la conscience publique nous conduire à la rénovation appelée par le pays!

XIII

Cette rénovation en tant qu'elle comprend la réforme des institutions politiques dont la liberté individuelle deviendra la base, rentrant dans la tradition et le principe républicain sera acceptée de soi par tous ceux qui voient dans la République autre chose que des intérêts de personnes ou des ambitions de partis. Dans les circonstances présentes, elle sera également acceptée par l'Eglise qui a assez souffert de ses fautes politiques pour en tirer la leçon. Le point difficile, menaçant peut-être, dans l'avenir, réside dans la séparation des deux pouvoirs : séparation qui, unie à la liberté, dans un vieux pays catholique pourra, en certains cas, inspirer de l'ombrage à l'Etat et qui, d'autre part, est contraire au principe de gouvernement et à la tradition de l'Eglise.

Croire qu'en une situation aussi complexe, il suffira d'un trait de plume supprimant le budget des cultes pour résoudre tous les problèmes serait de la puérilité.

Le catholicisme, en effet, auquel je n'appartiens pas, mais dont j'apprécie la valeur, n'est pas seulement une institution légale, c'est une grande force de l'esprit et si les forces de l'esprit peuvent se modifier elles-mêmes, on ne les détruit pas par la violence. Après avoir pendant des siècles dominé la France, il est dans la nature des choses qu'il y garde aujourd'hui un sérieux ascendant sur des groupes importants de la population et particulièrement sur les femmes.

Le suffrage universel ne compte pas avec les femmes, et pourtant cette moitié du genre humain, qui n'a pas le droit de jeter son bulletin dans l'urne, crée le foyer domestique et, en France surtout, intimement associée à l'autre sexe, prend une part très active à la vie générale du pays. Or, un État sensé et juste doit tenir compte de toutes les forces nationales et s'attacher à rallier les esprits aussi bien qu'à satisfaire les intérêts. Le jour de la séparation, d'ailleurs, on se trouvera en face d'un tel enchevêtrement d'intérêts et de droits, de propriétés et d'usages, qu'un grand bon vouloir de part et d'autre sera nécessaire pour l'accomplir sans porter atteinte à l'unité du pays.

Aussi tout en la posant comme un principe essentiellement républicain, comme un but à atteindre, il est dans l'intérêt de tous d'attendre pour la réaliser une époque d'apaisement, une époque aussi où les institutions de liberté seront une garantie pour chacun et auront en même temps exercé leur action au sein même de l'Eglise, de sorte qu'elle pourra être la première à réclamer la séparation.

L'Eglise, en effet, sort d'une grande source; il lui suffira peut-être d'y revenir pour s'y renouveler et la séparation lui apparaîtra alors sous un autre jour. Ce qu'elle lui fera perdre en pouvoir et en influence au dehors, elle le lui fera gagner en vie spirituelle et en liberté au dedans, et elle pourra alors découvrir avec l'esprit moderne des points de contact jusqu'alors inconnus. Déjà les yeux non prévenus croient apercevoir, dans les profondeurs, un mouvement latent dans le sens de la libre recherche. Ici, on modifie par l'exégèse l'absolu des textes; là, on subordonne la lettre à l'esprit. Certains de ses chefs, et non des moindres, se félicitent tout haut de trouver aux Etats-Unis, dans les libertés publiques, plus de facilité pour mener à bien leurs œuvres qu'au milieu des tiraillements qui, dans l'union des deux pouvoirs, doublent les privilèges de servitude. Ces aspirations se manifestaient ouvertement naguère dans le Congrès de Bourges, présidé par un évêque et composé de prêtres séculiers. Là, on proteste sans réticence contre les tendances d'un « sacerdotalisme intransigeant qui prétend se faire un rouage de la société politique ». « Il faut savoir aimer son temps *comme il est*, et les hommes *comme ils sont*. » On y récuse le droit d'imposer « la vérité religieuse qui ne devient vivante que par une libre foi ».

Enumérant les principes du droit public dans la démocratie moderne : « l'autonomie individuelle, l'égalité devant la loi, la liberté de conscience, la liberté de la presse, de réunion et d'association, on les regarde comme plus favorables à l'expansion de l'Eglise que la protection officielle du cardinal Dubois et celle même de M. Guizot ». On fait des vœux pour que tous « les professeurs ecclésiastiques soient pourvus de titres universitaires, pour que la science ecclésiastique s'adapte aux besoins du temps et pour une culture générale plus scientifique ». En histoire, la règle invariable doit être « celle d'une parfaite sincérité, Dieu n'ayant pas besoin de nos mensonges », etc. Et M. Ferdinand Buisson, en nous rendant compte de ce Congrès dans le *Bulletin de l'Enseignement primaire* relève cet esprit comme tendant à se rapprocher de celui des « éducateurs laïques ». Il se réjouit de voir « les idées de progrès, de tolérance, de solidarité, de dévouement au devoir individuel et au devoir social se répandre et se fortifier au point que, sous toutes ses formes et dans tous les milieux, à travers et par dessus les plus profondes différences d'opinions philosophiques et religieuses, elles produisent comme une poussée générale de bonnes volontés, une convergence d'efforts, indépendants les uns des autres, mais tendant malgré tout au même but : le règne de la justice et de la fraternité dans les sociétés humaines ».

XIV

C'est à cette convergence d'efforts puisés dans le meilleur de chacun de nous, que je fais appel aujourd'hui pour le salut même de la France.

Où la mènera, en effet, cette odieuse lutte qui la partage en deux camps armés ? *Où allons-nous ?*

L'histoire, sans doute, a des retours. Les vainqueurs d'aujourd'hui peuvent être les vaincus de demain et, à nouveau, changer de rôle. Longtemps encore les partis pourront ainsi s'entre-déchirer, mais, représentant chacun une face de la nature et de la vie humaine, ils ne se détruiront pas. Le catholicisme ne détruira pas le courant de libre pensée et de libre science, qui a affranchi l'esprit de tous les jougs ecclésiastiques, et l'esprit affranchi, se transformant en despote, ne détruira pas le sentiment religieux qui, partout et toujours, a trouvé dans l'humanité son expression et sa forme. Ils ne se détruiront pas, mais en s'acharnant à la lutte, ils détruiront la France. Amoindrie déjà dans son territoire par une guerre désastreuse, dans sa production matérielle par la concurrence étrangère, ébranlée dans ses mœurs par un relâchement des liens sociaux dont elle n'est pas, d'ailleurs, seule en Europe à sentir l'atteinte, elle finira par succomber à l'anarchie, cette France, qui, au milieu de toutes les divisions, nous inspire pourtant un commun amour.

XV

Le patriotisme, heureusement, ne dérive d'aucune doctrine. C'est un sentiment profondément humain, l'amour de la terre-mère qui, pendant des siècles, nous ayant groupés dans le travail et l'effort de notre développement national, nous rend plus intelligibles les uns aux autres, nous rapproche, nous resserre par un lien mystérieux, alors que nous nous croyons le plus éloignés. A quelque ordre différent de la pensée et de la vie que nous puissions, en effet, appartenir, même quand nous ne nous aimons guère, tous, cependant, nous aimons la France et nous nous sentons ses enfants. On l'a vu, hier, lors de l'envahissement du territoire et, le cas échéant, on le verrait demain. Nous l'aimons tous; nous la voulons prospère et grande, mais, entendant chacun à notre manière sa prospérité et sa grandeur, nous nous battons sur ces dissidences, oubliant que l'Europe impérialiste nous regarde et que nous avons de quoi la tenter. La Grèce et la Pologne ont succombé sous leurs divisions, et elles n'étaient pas non plus les premières venues.

Devant un tel péril, ne retrouverons-nous pas le

généreux élan qui, il y a trois siècles, rapprochait les Huguenots des Ligueurs à la voix sympathique et chaude du plus français de nos anciens rois? Une ère de prospérité suivit ce grand édit qui faisait place au soleil de France à toutes les manières de croire et d'adorer Dieu. Si les successeurs d'Henri IV, en reniant cette noble tradition, ont ravivé les germes de division et de haine qui, sous une autre forme, nous menacent à cette heure, justice leur a été faite. Aujourd'hui, que par les idées nous dépassons l'Edit de Nantes, y demeurerons-nous inférieurs par les sentiments?

La nation, malgré ses malheurs et ses fautes est restée elle-même dans les sources profondes. Un noble effort de patriotisme la reconstituerait rapidement dans une unité nationale plus large que celle de la monarchie. Elle se relèverait alors enrichie de développements nouveaux, assagie par l'épreuve, cette France de nos pères, ouverte, tolérante, généreuse et gaie, héroïque à ses heures et sans y songer, rêvant les aventures, capable aussi d'excès et de folies, mais facile au retour, parce qu'elle a tous les ressorts et qu'elle ne s'entête à rien : la *douce France* que ceux de ma génération ont dans le lointain entrevue encore, mais que nul aujourd'hui ne connaît plus !

Paris, octobre 1903.

www.ingramcontent.com/pod-product-compliance
Lightning Source LLC
LaVergne TN
LVHW021723080426
835510LV00010B/1112